비담, 당신의 향기

비담, 당신의 향기

초판인쇄 | 2010년 11월 5일
초판발행 | 2010년 11월 10일
저 자 | 박혜옥
편 집 인 | 우 현
발 행 인 | 박영태
기 획 | 신경화
사 진 | 홍민호
디 자 인 | 박성은
펴 낸 곳 | 파랑새미디어
등록번호 | 제313-2006-000085호
주소 | 서울특별시 마포구 서교동 357-1서교프라자 318
전화 | 02-333-8311, 070-8844-8311
팩시밀리 | 02-333-8326

ISBN : 978-89-93693-25-6 03320
값 8,000원

비담, 당신의 향기

박혜옥 시집

파랑새미디어

序文

몰래 들여다보기.
물끄러미 관찰하기.
그러할 것이다 라고 느껴보기
시를 쓰면서 마땅히 해야 할 일들이라고 나 또한 믿는다
그러나 나는 어리석어 그것만으로는 부족 했나 보다
늘 과격하게 상황 속으로 몸을 던져 왔음을 깨닫는다
아니 그보다는 상황에 놓여진 후에야
비로소 쓸 수 있었음을 더욱 깊이 깨닫는다.
허나, 살면서 직접 경험 할 일이 뭐 그리 많을 것인가
또한 강물에 대해 쓰겠다고 강물이 되어 볼 수는 없는 것
다만 강물에 온 몸을 담가보는 일.
한번쯤 풍덩 빠져보는 일
결국 제 버릇 누구 못 주고
나는 또 강물에 몸을 던지고 말았다
조금은 생소한, 많이 낯설어서 눈앞이 캄캄한.
그러나 매우 매혹적인 강물. 사랑… 짝사랑…

참으로 여러 개의 사랑을 신은 인간에게 주셨다.
얼마나 고맙고 다행한 일인가
그 선물을 온몸으로 받아 안고
함께 동고동락 하는 요즈음의 나는 어느 때보다 생기발랄하다. 애틋하다.
열정으로 가득하다.
김남길이라는 한 사람의 배우를 아끼고 사랑하는
그 벅차게 설레이는 감흥을 몇 줄의 시로
다 담아낼 수는 없더라도
쓰지 않고는 견딜 수 없어 쓴다.

차례

#1
사람이 사람을 좋아하고 사랑하는 일만큼
아름다운 일이 또 있을까

#2
주어진 현실이 조금 스산하다 여겨질 때
내 마음인 듯 웃고 울어주는 한 사람을 우리는 찾아낸다.
그리고는 몹시도 아끼고 사랑하며 마음에 간직한다.
아름답고, 능력 있고, 빛나는,
때로는 나만큼 외로워 보이기도 하는 한 사람을

#3
이유나 조건이 필요하다면
사랑은 얼마나 힘들어질까…
나 사는 세상에 그대가 함께 살아
사랑할 수 있으니 그것으로 충분합니다

#1
사람이 사람을 좋아하고 사랑하는 일만큼
아름다운 일이 또 있을까

별을 품다

몇이나 될까

하늘을 흐르는 별들의 수는

또한 그 별들 바라보며 꿈꾸는 사람 몇이나 될까

어느 날 눈부신 한 별 아래 발을 멈추고

목이 지칠 때까지 올려다 본다

스산한 옷깃 펄럭이며 스스로 어둠이 되어 바라본다

별이 내게로 오지 않아도

단 한번 나만을 향해 반짝이지 않아도

섭섭하지 않다

멀리 있어도 행복하다

이상적인 연애

TV속에서 한 사내가 걸어 나온다
성큼성큼 완벽하게 다가온다
백 번도 천 번도 거절하지 않는다

내가 어떤 부류의 사람인지 그는 전혀 모른다
늙고 못생긴 것도 눈치채지 않는다
다시 보기를 누를 때 마다 다시 살아서 나에게 와준다

일찍이 내가 꿈꾼 적 있던 연애 바로 그것
추레한 내 모습 감추고 빛나는 너만 보고 싶었던
오래 전 몹시도 서러웠던 나의 연애 바로 그것
모습도 마음도 아름다운, 영혼도 아름다울 게 분명한 그는
그러나 많은 것을 내게 들켜준다

수 만 송이 꽃이 한번에 벙그는 듯 화사한
시리도록 고운 웃음 너머 그가 간직 하는 어떤 것들
고요히 침잠했을 어두움의 높이와 아픔의 둘레
켜켜이 쌓아 올린 그의 슬픔의 깊이까지

나는 안심한다
황홀한 눈빛 속 숨어 번쩍이는 그의 쓸쓸함에 기대어
일방적 바라보기의 진수를 뽑아내는
나의 연애는 제법 성공적이 되어간다

흔들리고 싶은 날

애틋한 연분 다하지 못해
서로의 그림자를 쓸어 내리며
소곤거리는 새들의 지저귐을
더 이상 혼자 듣고 싶지 않은 그런 날

열정을 다해 뒤채이던 바람 흔적도 없이
내려앉아 잠잠하고
찻잔에 남은 한 방울 커피도 식어버린 그런 날

한낮의 햇살 출렁이며 풀 섶에 온몸을 던져
초록빛 눈부심으로 나를 찌르는 그런 날

네가
무지개의 끝을 움켜쥐고
새의 재잘거림으로
식어버린 커피의 남은 향기로
초록 햇살의 피할 수 없는 따가움으로
마구 보채며 졸라대는 그런 날

짝사랑

나의 사랑 처음 시작부터 구식임을
당신도 알고 계셨나요.

백 마디의 말보다 한 번의 눈빛으로
천 마디의 언어보다 한 번의 접촉으로
만 번의 편지보다 3초의 문자로
서로의 마음을 휘어잡는 시대

당신도 알고 있었나요
목이 쉬도록 외쳐도 들을 수 없고
팔이 저리도록 편지를 써 보내도 받아 읽지 못할
우리 멀고도 먼 그 거리를

그러나 그대여
짝사랑의 어리석음도 이쁘다 하던
아날로그의 열정도 사랑 한다던 나의 사랑이여

촌스러운 구식 사랑 법으로
오늘도 나는 당신께로 갑니다
오래된 연애 법 모두를 끌어안고
고집스럽게 천천히 당신에게로 갑니다.

김남길,
그를 사랑하는 열 가지 이유

멋지다… 망설일 필요 없이 무조건 멋들어지다
물론 자…알 생겼다
훤칠한 자태로 뚜벅뚜벅 걸으면
주위의 공기들마저 충격으로 일렁인다

그는 잘 웃는다
생명체가 낼 수 있는 가장 매력적인 목소리로
웃고 말하고, 말하고 또 웃는다
많은 사람들은 영문도 모른 채 함께 행복에 빠져든다

그는 잘 울 줄도 안다
뜨거운 심장 깊숙이 숨겨놓았던 여러 개의 애정을 꺼내 들고
세상 어디라도 상관없이
번개처럼 슬픔 곁으로 뛰어들어 더불어 울게 한다

그는 다정하다 많이 다정하다
사방을 살피고 배려하고 염려한다
그는 냉정하다 적당히 냉정하다
교만이나 나태함 또는 승리에 대해 일부러 적당히 냉정하다

그는 때 묻히면 안 되는 천진한 어린아이다 안아주고 싶은.
아아. 무엇보다 그는 매혹적인 남자다… 미칠 듯이.
그리고, 그리고, 나머지는 비밀… 비밀이다.
그를 사랑해 보면 저절로 알게 되시리라 장담하는 비밀.

꿈으로 와요

그립다 보고 싶다
말하지 말아요
당신의 음성 허공으로
흩어지는 것 아까워요

뒤 돌아 보며 자꾸자꾸 웃지 말아요
그 예쁜 웃음
다른 사람이 보는 것 샘 나요
헤어짐이 아프다 울지도 말아요
내 팔 너무 짧아 그 눈물에 닿을 수 없어요

그냥 꿈으로 와요.
시간도 장소도 약속 하지 말아요
벌써 우리 다 외웠잖아요
늘 만나는 그 곳 누구나 아는 그곳
수만 개의 눈동자가 샛별 같은 불을 켜고
당신을 기다리는 그곳
꿈 속의 꿈같은 꿈으로 와주어요.

K군을 사랑하다

그렇게 믿고 싶었습니다
그렇게 믿는 수밖에 없었습니다
다 지워야 한다고
모두 비워 버려야 한다고
한번도 사랑한 적 없는 것처럼
한번도 사랑 받은 적 없는 것처럼
그래야 내가 살 수 있겠다고

처음부터 혼자였던 것처럼
접어버리자, 덮어버리자
묵음처럼 소리내지 말자
아니, 모든 전원을 확 꺼버리자.

다짐하고 또 다짐하며 잠들어도
나의 새벽은 또다시 차가웠습니다
한 천 날의 낮과 밤을 보내고 나서도
아직 접어지지 않는 것들…

TV속 한 청년이 말합니다
그럼에도 불구하고 사랑하세요
남은 생애 가장 할만한 일은
사람을 사랑하는 일

잘 자란 나무가 연둣빛 봄빛에 사각 이는 음성으로
천 만 가지 사연을 다 헤아리는 듯 깊디깊은 눈빛으로
그는 말하고 있습니다

아하, 그래요.
아름다운 나무는
때로 뜻하지 않은 곳에도
그늘을 던져 주는가.

수없이 많은 그의 잎새들의 반짝임에 힘입어
초저녁 별빛 같은 그의 웃음에 힘입어
접었던 모든 것들을 하나 둘 펼쳐
다시 사랑하기로 합니다

우산을 펴다
- 장마철에 입대한 김남길

빗방울이 후두둑 이마를 친다
우산을 편다 당연하게
내 앞을 가던 사람 우산을 낀 채 그냥 걷는다. 아닌가? 맞는데.
버스에 함께 오른 후에도 내내 궁금하다
왜 저 사람은 비를 맞을까 우산이 젖을까 봐?
이건 호기심이다
마음이 아프거나 하는 일은 절대 없다

한번 스친 적도 없는 내 눈앞에 있지 않은 그
그는 비를 맞지 않았으면
어디에 있거나 우산이 있어도 우산이 없어도
절대로 비 같은 건 만나지 않았으면
행여 비를 맞게 되더라도 상처가 되지는 않았으면
마음을 시리게 하는 비바람 따위 다 비껴 갔으면…
간절하다 이건 호기심은 아니다.
사랑이다.

가슴이 뛴다

늘 누군가를 좋아한다

왜군을 물리친
이순신 장군을 존경한다

강진에 내려가서도
수백 권의 책을 남긴
茶山선생님을 흠모한다

내게 한글을 주신
세종대왕님을 존경한다

늘 누군가를 좋아했다

배우 김남길…
그는 사랑한다

그냥 가슴이 뛴다.

그럴 수도 있던데요

“만난 적도 없잖아요…?” – 물론.

“고백 해 본 적은…?” – 없지요.

“뭐 이익 되는 일도 없을 텐데…?” – 글쎄요.

“라이벌 엄청 많지 않아요? 최하 수 십 만 명…” – 당연하지요.

“앞으로도 영원히 만나지 못 할 텐데…” – 상관 없어요.

“당신 나이도 많잖아요…” – 그는 몰라요.

“그 사람 배우잖아요…” – 그냥 사람이던데요 따뜻한.

“그래서 사랑한다 구요…?” – 네에. 무진장. 많이 많이. 진심으로.

“허어 거참…”

– 왜요. 그럴 수도 있던데요. 한번 같이 해 보실래요? 참 좋던데…

터널 - 군 복무중인 김남길

잘 보인다 더욱 환해진다
더욱 환해질 것이다
간직하던 등불 하나 둘 꺼내어 불을 밝힌다

지금 보이지 않으니 질주하던 자동차 없는 거라고
내 눈에 안 보이면 차는 멈춘 거라고
그럴까…
더욱 심혈을 기울여 침착하게 달리고 있는 건 아닐까

그는 아껴두었던 많은 등불을 꺼내 든다
저만큼 보이는, 그를 기다리는 눈부심과의 거리를 좁혀가며
지금 환하고 명랑하게 터널을 통과하는 중이다

EMPORIO ARMANI
CAMPER

술 한잔

앵두는 혼자서도
아주 잘 익었습니다
가슴 미어지는 붉은 빛으로
혼자서도 잘 타 올랐습니다

내 부끄러운 사랑처럼
피었던 꽃들 시들고
빈 꽃자리 마다
애달피 어여쁘게 물들었습니다

다가오지 마세요.
다가오지 마세요
꽃불 같은 팔을 흔들어 밀어내지만
바람은 늘 새롭게 불어오고

붉은 향기 차마 삼킬 수 없어
입술 끝에 숨겨두고
마셔보는 오늘 이 술 한잔은

우리 함께 했던 날의 저녁 하늘빛 같네요
생애 한 순간도 지울 수 없는
당신의 그 웃음 결 같네요

편지

흰 데이지 꽃 무수히 피어
바람에 흔들리는 오후가 되면
너의 편지를 읽고 싶다

안녕하다는 흔한 인사와
그 곳의 구름과 바람에도
슬픔이 묻어있다는 고백과
가끔씩
빈 거리를 헤매이며
홀로 차를 마신다는 비밀과

흰 데이지 꽃 무수히 피어
조용히 빗줄기에 젖는 오후에는
너에게 편지를 쓰고 싶다

여전히 안녕하다는 흔한 인사와
숨겨지지 않아 써버린 몇 줄의 시와
구부러진 골목을 떠돌다 만난
서너 개의 아픈 돌부리에 대해

그러나
사랑하던 이여,
흰 데이지 꽃 어둠 속으로
조금씩, 조금씩 숨어드는 저녁에는
고요한 눈으로 꽃이나 보자
빈 편지지 같은,
빈 편지지 속 반짝이는 물방울 같은
꽃이나 보자

앵남역

지우고 싶은 기억이 몹시도 버거운 날엔
앵남역에 가보라
앵두 꽃 눈물처럼
망울져 흔들리는 봄날
이 땅의 기차역 족보에 엄연히 올라 있는
앵남역에 앉아 기차를 기다려 보라

더러는 떠나고 더러는 돌아오는
철벽 바위로 단단하던 일상도
알고 보면 우스운 일
역장도 매표원도 없어
행선지를 깜박 잊은 들 대수리

잊은 김에 뜨겁던 그 여름도 잊고
잊은 김에 뜨겁던 그 겨울도 잊고
구부러지는 산 모퉁이를 훽훽 지날 때 쯤이면
다아 잊었지만 그래도 한번 더 잊어버리고
앵두꽃 가지 사이로 괜시리 봄비 뿌려대는
그런 날이면
혼자서 라도 앵남역에 가보라

94
5

#2

주어진 현실이 조금 스산하다 여겨질 때
내 마음인 듯 웃고 울어주는 한 사람을 우리는 찾아낸다.
그리고는 몹시도 아끼고 사랑하며 마음에 간직한다.
아름답고, 능력 있고, 빛나는,
때로는 나만큼 외로워 보이기도 하는 한 사람을

굿바이 솔로

(2006 _ KBS드라마 굿바이 솔로)

마음 속 다락방 어느 구석에
누구도 모르는 오래된 사진첩을 둔다
어느 날, 미칠 듯이 쓸쓸한 날
그 곳에 들러 축축한 등을 구부리고 돌아 앉아
비밀을 본다. 차마 꺼내 펼치지 못하고 숨어서 본다

마음바닥에 내려둔
지우고 싶은 기억 몇 개, 쓰라리게 아픈 얼굴 몇 개
어두운 그림자 까지도 다 나만의 재산임을
언제나 우린 너무 늦게 깨닫는다

내보이고 싶지 않은 부끄러움들이
사실은 나를 붙들어 주고 있음을

망가뜨린 후에야 소중함을
떠난 후에야 동반의 무게를
멀어진 후에야 해야 할 수많은 말을 떠 올린다
너무 늦게 우리는 깨닫는다

가슴 밑바닥에 내려앉은 무거운 산을 뽑아 버리고
햇빛 속에 고개를 세운다
눈부시게 웃는다. 낡은 사진첩 속 얼굴들이 따라 웃는다

비담, 비담, 비담.

(2009 _ MBC드라마 선덕여왕)

문을 열고 들어온다 늘 세차게
들어와서 두드린다 쾅, 쾅, 쾅.

오래 참아온 분노는 깨어지고
지쳐 쓰러질 듯 기진한
그의 슬픔은 폭발한다

누구도 알지 못하는, 꿈
그 절절한 목마름을,
목숨과도 바꾸지 않을 연모를 말하려
천 년을 달려
비담, 그는 우리에게로 온다

신라인들의 귀에는 아니 들리던 그 음성
만 마리의 말이 한데 뛰노는 듯 높아
모란꽃 새로 피는 오늘아침 문득 들려온다

내게 가장 오래도록 남기고 싶은 건
오직 그녀를 향한 사랑.

울부짖는 칼 접어 바위아래 놓아두고
다만 하늘을 바라보던
슬퍼서 더욱 아름다운 영혼, 비담.

봄날 슬픔은 없다
(2007 _ KBS 드라마 꽃피는 봄이 오면)

또 목련이 진다 흔한 일이다
산수유, 벚꽃, 살구꽃, 조팝나무가 피고 진다
흔하디 흔한 일이다

목 백일홍은 조금 뒤에 서서
붉게 타오를 여름을 마련하고
장미는 제 몸을 가시로 감싸려고
벌써부터 안간힘이다

천 년을 두고 되풀이 되어지는
어지러운 이 무대에 슬픔은 없다
고통이나 슬픔은 바라보는 자들의 몫
무대 밖에서 주연과 조연을 나누고 엑스트라를 분배하는
꾀 많고 어리석은 자의 몫이다

빛나는 시작과 풍성한 결말을 오직 그것만을
염려하는 관객의 몫이다
그들은 분석하지 않는다 억울해 하지도 않는다

떠나기 위해 봄은 오는 것이고 격렬하게 떨어지려 꽃은 핀다
봄, 꽃들이 소리친다
그냥 거기 있었으므로 충분히 아름다웠다고
오직 그것뿐 이었다고

너를 찾아서 - 복수

(2010 _SBS드라마 나쁜 남자)

막 뽑아낸 찰떡처럼
부드럽고 끈끈한 흙 길을 간다
가다가 떼어내고 가다가 떼어내도
흙덩이 들은 붉은 꽃 무더기의 눈빛을 하고
증오와 분노로 중무장한
그의 신발바닥에 보란 듯이 달라 붙는다

멀리 보이는 무섭도록 웅장한 숲
거기 매달려 익어가는 달콤한 죄악들
저걸 따 없애야 해

갈증은 산보다 높이 솟아 몸을 태우고
슬픔도 때맞추어 끓어 오른다

걷는다, 걷는다, 걷는다.
드디어 붙잡았다. 기쁨의 환호성. 으아 아악 !!!

그러나 눈앞의 낯선 얼굴. 또는 나를 닮은.
결국 이런 거 였구나 산다는 것은
온몸에 슬픔을 바르고
독한 척, 용감한 척, 두렵지 않은 척,
꾹 참고 삶을 살아낸다는 것은
칼 하나 간직하여 너의 달콤함을 잘라 버린다는 것은.

천 년의 향 (2009 _ MBC드라마 선덕여왕)

뜨거운 숨결 더불어 거닐던 숲
가장 잘 자란 나무 한 그루
문득 베어 강물에 넣어 두신 침향을
오늘에야 찾아 꺼내어 듭니다

우리의 목숨이 천 년을 가기는 간다 한들
묵히고 묵힌 침향 귀하게 받아 안은다 한들
조금도 달라질 것 없는 삶

잊혀진 애인처럼 계획은 허물어지고
사랑은 무거운 꽃으로 떨어져
무엇 하나 예쁠 것도 새로울 것도 없는

그래도 우리가 지녀야 할 가장 나중의 일은 사랑이라고
달라질 것 없는 그 사실 하나라도 잘 살피라고
당신이 마련해 두신 신라적 침향을 마주 껴안고
지친 이마를 숙여 향기에 취해 봅니다
세월을 거슬러 내게 온
비담, 당신의 향기.

사랑이여 - 사랑

(2010 _ SBS드라마 나쁜 남자)

얼마나 다행한 일인가
당신에게 올 수 있어서

이미 오래 전
모든 무너짐의 예정으로
젊음의 그림자 더불어 버렸던 심장
처음 보는 보석인 듯 꺼내어
당신의 손안에 쥐어줄 수 있음은

얼마나 다행한 일인가
당신을 사랑 할 수 있어서

보잘것없는 세상의 법칙을 건너
아픔과 아픔의 부딪힘으로
두 손 맞잡을 수 있음은

우리 지나온 길 지우지는 말라
그 길 위에 흩뿌려진 꽃다발
부디 밟지 말라 사랑이여
다시 어디론가 또 가야 하더라도
이곳까지 열심히 걸어왔으니
와서 당신께 도착 하였으니
살아서 헛것 이었다.
그리는 말하지 말라 사랑이여.

아아, 강무… (2008 _ 영화 미인도)

아는 게 별로 없다. 그는
흐드러진 들꽃 냄새 더불어 천둥처럼
달리는 자신의 모습이 얼마나 황홀한지
비길 데 없이 근사한지

그는 모르고 있다
불 같은 눈빛 사이 머리카락의 무심한 흩어짐이
보는 사람의 가슴을 어떻게 쳐대는지
그 울림 너무도 그윽하여
우리들 해묵은 위선을 얼마나 아프게 두드려 주는지

그는 알지 못한다
그녀 앞에 내려놓은 목숨의 무게를…
생애 끝 날까지 놓지 않으리라 다짐하는 연인의 눈물을…
아무것도 알지 않은 채 자신의 사랑 속으로 조용히 잠겨 든다

세월의 견고한 벽 너머
어떤 잊혀짐의 물살도 거슬러 올라 살아 흐르는 강물
그 위를 맴도는 님의 그림 속
한 점 붉은 핏방울로 찍혀 그대 입술 적시고 있음이여.

폭풍우 치는 날 (2010 _영화 폭풍전야)

따가운
감시의 눈길에서 벗어나
그들은 지금 자유롭다

엄숙하던 대지는
비바람과 얽히어 동요되고
열정으로 떨리는 아름다운 피부를
빗줄기 아래 드러낸다

무엇이 저들을 미치도록 하는가
나뭇가지와 허공과 견고한 벽들과
모든 것들에게 다가가 외쳐댄다
너도 흔들려라 참지 말아라 함께 가자
가자, 꿈꾸러
하늘을 찢는 천둥번개를
비구름을 그리고 폭풍을

꽃대신 가시관을 머리에 꽂고
나도 그대에게 끌려가고 싶다
불꽃 튀는 그대 폭풍 속으로
태양이 사라진 날에는
폭풍이 태양의 모습이다

위험한 저녁 - 유혹

(2010 _SBS드라마 나쁜 남자)

男子의 눈에 내리는
저녁 어스름을
마주 보게 되는 날은 위험하다

하필이면 들국화 냄새로
희게 번지는 웃음 언저리
흩어지는 그의 자잘한 슬픔을
몰래 보고야 마는 도심의 저녁

발목을 감아 오르며
거친 숨결로 파고드는 어둠을 떼어
우두커니 거리에 세워두고
홀로 고요 속으로 돌아와

이제는 위치조차 찾기 힘든
굳은 상처를 꺼내어 밤새 어루만진다
가슴 밑바닥으로
다시 강물이 흐르고

마알갛게 물방울을 튕기며
이미 내 것이 되어버린
그의 슬픔을 쓸어 내리느라
오래도록 잠들지 못하는
불면의 저녁은
그녀에게 매우 위험하다

HOBART
BUILDING

핸드폰

이젠 틀려 버렸다

겨울 저녁 불현듯 흰눈 내려
함께 보고 싶다
울려올 전화 기다리던
그 간절한 우연의 기쁨들

이젠 다 틀렸다
언제라도 빛의 속도로
귀신도 놀랄 번개의 속도로
그리움 영글어 터질 틈도 없이
그 그리움 행여나 기다릴 새도 없이
깨알 콩알 사연으로도 연락, 연락.

만남으로 끓어 오르는 신촌 거리를 걷다가
빨간 공중전화 부스 속 휜칠하게 기대어 선
외계인 같은 한 남자를 그리워하다

논스톱 (2008 _영화 공공의적1-1)

멈추지 말라는
어떤 일이 있어도 멈추지 말라는
바윗돌 두어 개나
버티어선 나무 몇 그루
앞 길을 막아도
다급한 목소리 누군가 뛰어오며 소리쳐도
두고 온 기억들이 엿가락처럼 달라 붙어도
너 없으면 나는 죽을 것 같다
정말이다 위협해도
사는 게 너무 쓸쓸하여
쉬어가고 싶어도
절대로 멈추지 말라는 참 교훈적인
또는 이기적인 메시지.

그의 나이 서른 살
- 입대한 김남길

스물아홉과 서른하나와

별반 다를 건 없습니다

그러나 다릅니다

느낌이 다릅니다 어감도 다릅니다

물론 계획도 다릅니다

그는 지금 딱 서른

더도 덜도 아닌 나이이지요

끝 같기도 하고 시작 같기도 한

만개한 사과나무 같은 나이

튼실한 과일을 위해

꽃 몇 개는 따주어야 할 나이

그는 조용히 꽃을 정리하는 중이고

우리들은 최상급 사과를 기다리는 중이고

그는 그런 사람

하늘을 찢으며 무섭게 폭풍우 치고 그친 뒤
망가진 숲 속 오솔길에 들어
없는 듯이 조그맣게 핀 풀꽃의 눈을 들여다본 적 있는가

그 눈망울 가슴이 따가워 차마 마주보지 못하고
뒤돌아 그냥 가만히 앉아 있어본 적 있는가

외로워요. 외로워요. 외로워요. 말하는 대신
검은 하늘 검은 산 흩어진 땅을 소중하게 쓸어 담는
그 손 잡으며 얘야 사실은 나도 외롭단다
우리 모두는 외롭단다 속으로 울어준 적 있는가

도시의 환호와 갈채를 뒤로하고
동굴 같은 그들의 어둠 곁으로 가본적은 있는가

그 어둠 곁에 서는 자신의 눈부심이 조심스러워
금쪽같은 잠을 쪼개가며 괴로워 해본 적은 있는가

#3
이유나 조건이 필요하다면
사랑은 얼마나 힘들어질까…
나 사는 세상에 그대가 함께 살아
사랑할 수 있으니 그것으로 충분합니다

팬, 그의 별들

어린 시절 여름방학엔 외갓집엘 갔을까
물놀이를 하며 반딧불이를 따라 다녔을지도 몰라
그 귀여웠을 모습도 사랑한단다.

소년이 되어 첫사랑에 취했을 때 책상에 엎드려
가만 가만 울었을까 그 눈물까지 닦아 주고 싶단다

그는 무엇을 좋아하고 싫어할까
누구를 사랑했고 사랑할까
무엇을 기뻐하고 슬퍼할까
그의 마음 깊은 곳까지 어루만져 주고 싶어 한다
과거와 현재와 미래를 모두 함께 가고 싶어 한다

눈빛 하나 손짓 하나에도 불처럼 환호 하고 열광 하지만
때로는 물처럼 조용히 흐를 줄도 안다
사랑의 힘으로 그렇게 한다
최선을 다해 헌신 할 뿐 생색 따위 내지 않는다

밤에도 낮에도 꿈을 꾸고 나의 꿈과 그의 꿈이 일치하기를
아니 나의 꿈조차 그에게 보탬이 되기를 진심으로 원한다

이런 아름다운 관계가 또 어디 있다는 건가
자식도 아니고 부모도 아니고 애인은 더더욱 아니지만
그가 더욱 빛나기를 두고두고 빛나기를 염원 한다

그를 더욱 큰 별이게 하는 은하수 같은 그의 팬들.

어려운 부탁

거부할 수 없는 놀라움으로 다가와

저마다의 열정으로 몸서리치며 다가와

마구 빛을 뿜어내어 그대 눈 부시게 해도

선의 경계가 너무나도 깨끗한

또렷한 당신의 눈빛 절대로 흐려지지 말기를

태산도 무너뜨릴 거대한 함성으로

그대 이름을 부르고 또 불러도

오직 오래 전에 스스로 기억하던

당신 내면의 소리만을 듣기를

들이쉬고 내쉬는 호흡 하나 하나 가슴을 치는

사랑으로 가득한 그대 음성

지금 그대로 이기를

꼭 그래 주기를…

살구꽃 지는 날

여기는 지금
바람이 불고 있습니다
살구꽃잎 흩어지는 아래 홀로 서서
온몸을 바람에 할퀴우고 있으려니
나는 또다시 서러워 집니다

사랑을 말하던 봄날이
그 봄날이 아득하여
향기로 쏟아져 내리는 꽃잎이
시리고 아픕니다

감히 한번도 굴복 시켜 본적 없는
그래서 늘 낯설기만 한
아무래도 사랑할 수는 없던 사나운 바람이
여기는 지금 바람이 불고 있습니다

마술처럼 당신이
이 바람을 뚫고 와 등뒤에 서는 듯
두리번 두리번
마음을 뒤척이며
내내 바람 속을 떠나지 못합니다

그 중 하나 - 팬 카페 가입

계절이 바뀌는 짧은 순간
까딱하면 놓쳐버릴 상큼 발랄 바람의 냄새를
용케도 구분 하여 예쁘다 기특하다 쓰다듬는 일
외딴 곳에 낮게 엎드려 핀 들꽃의 이름을
한번쯤 정확하게 불러주어 그를 고개 들게 하는 일
이미 고개를 높이 든 것들 에게도
잘했다 그럴 만 했다 박수 쳐주는 일

아프고 슬프고 아름다운 것들을 꼼꼼히 불러내어
아프고 슬프고 아름다운 것이게 간직 하는 일

누군가 이미 다 말해버려
사랑을 사랑이라 말할 신선함을 잃었더라도
그래도 끊임없이 사랑이라고 외치는 일

뒤늦게 되돌려 받은 이 설레임을 기쁘게 받아
그대 함께 숨쉬는 세상을 향해 눈짓하고
그 상으로 내가 행복해 지는 일
神이 나를 살려두고 계시는 세 가지 이유, 그 중 하나.

비 오는 숲길 - 연예뉴스

비 오는 숲에 들어 와서는 잊으라.
5천만 원 드림, 그냥 드림.
핸드폰 공짜 정말 공짜
오세요, 보세요, 사세요.
숲 밖에서 일어나는 일은 잊으라
저희들끼리 알아서 하게 두라

비 오는 숲에 들어서면 주의하라
음흉한 물웅덩이와 비보다
굵은 나무 위의 물방울
우산의 크기에 주의하라
크면 민폐고 작으면 무시 한다

비 오는 숲에 들어서면 들어주라
젖었지만 난 괜찮아
재재거리는 새들의 엄살을
이 숲은 다 내 것이야
고 작은 녀석들의 자랑을
그냥 들어주기만 하라
생각은 간직하고 가만히 듣기만 하라.

약속

바람이 참 많이 부는 날에도
별은 피어났다
삼킬 듯 구름 덮치고
안개가 몸을 푸는 날도
내 하늘에는 어김없이
별이 피어났다

신기해라,
당신도 모르게
당신을 생각하면 언제라도 목이 메인다

우리 모두 쓸쓸한 나라에서
당신은 행복한 삶의 등뼈
슬픔을 들어 올리는 지렛대
아직 닿지 못한 평화의 바다
그 위를 흘러갈 아름다운 음악이다
오늘밤에도 약속처럼
김…남…길… 그의 별은
새롭게 떠올라 반짝이고 있다

그것으로 충분합니다

당신께서 알지 못해도
상관없습니다
아침에 눈떠 잠들 때까지
잠들어 다시 아침이 올 때까지
늘 함께, 어디라도 함께
그대의 모든 것을
내 안에 담아두고 다니는 것
모르고 있어도 괜찮습니다

어떻게 사랑하는지
얼만큼이나 사랑하는지
언제까지 그렇게 할 결심인지
그것도 모르셔도 괜찮습니다

그렇지만 한번은, 꼭 한번은.
보고 싶습니다. 만나고 싶습니다.
서로의 이름을 기억하며 대화 하고 싶습니다
아니 그것도 괜찮습니다
세상 어딘가에 그대 함께 살고 있어
사랑할 수 있으니 다행입니다
그것만으로 충분합니다

조용한 군중 - 김남길 그의 팬들

처음엔 모두 하나에 불과했습니다
하나일 뿐이었습니다

틀림없이 그랬을 것입니다
뛰어내리고 빠져들고 불러들이고 모여 들어서
여럿이 되었을 것입니다

알고 보면 지금도 그들은 하나입니다
언제라도 질서정연하게 제자리에 다녀오기도 합니다
함께 흐르지만 물 한 방울의 얼굴은 보이지 않지만
어디에나 그들은 있습니다

모여 흘러야 산 그림자를 놓을 수 있고
모여 흘러야 바위도 넌지시 잠기게 한다는 걸
서로에게 쉬지 않고 소근거립니다
무서운 군중입니다

도도하게 흘러가는 물줄기에게
어디로 가느냐고 묻지는 마십시오
거대한 한 척의 배를 띄우려고

그들은 지금
바다를 만들러 가고 있습니다

낯선 길 - 팬카페 가입

오랜 시간 오가던 편안한 길을 두고
그리운 산을 보려고
낯선 길로 들어서다.

익숙한 향기
친절한 표지판을 뒤로 하고
날 위한 아무런 신호도 없는
새로운 길
울창한 숲, 커다란 바위, 온갖 꽃들이 황홀한
놀랍도록 아름다운,
그 색다른 길로 뛰어들다.

반가워요. 허공에 울리는 메시지를 따라
혼란, 그리움, 열정, 갈증, 행복감으로 어지러운
내 마음을 길동무 삼아 걷는다, 걷는다.

저 멀리
웅장한 산은 솟아올라
여기야. 여기 . 빨리 와.
나를 부르고는 있지만
멀다, 멀리 있다, 너무나 멀리 있다.
산은 멀리 있어서 산 이다. 잘 안다.

외로운 낯선 길을 가며
걸어도 걸어도 제자리인 길을 가며
희망해 본다
가끔은 산이 내게로 걸어와 주기를
한 걸음만 그렇게 해 주기를
사랑이라는 이름으로 그렇게 해 주기를

해답도 주세요

당신을 생각 하다가
출근 길
내려야 할 구간을
깜박 놓치기도 합니다

뭐가 좋은지
혼자 빙긋빙긋 웃기도 하지요
최고의 보물을 갖게 되어
너무나 기쁜 사람처럼 그렇게.

밤이면 애써 불면을 접어 버리고
꿈속으로 달려 갑니다
당신을 만나려 그렇게 합니다

그러나
너무 외롭습니다
당신이 빠지면 모든 게 시시합니다
재미가 없습니다, 지루합니다

깜깜한 옥상에 올라가
왜 이럴까, 고민에 잠겨
내 사랑 분석해 보지만
답은 나오지 않습니다

폭풍으로 내게 뛰어들어
여러 개의 숙제를 주셨으니
이제 해답도 주세요
꼭 그대에게 듣고 싶어요.
그대가 다 알고 있음을
아니, 그대가 해답임을
나는 믿고 있으니까요.

금요일 - 연예뉴스

창사 48주년 특집 월화 드라마
가족과 함께 스페셜 수목드라마
평탄한 주말 드라마...
다 할 수 없다
짝이 없어서 할 수 없다
웬만한 건 다 하지 못한다
혼자서는 어림도 없다
짝이 없으면 관심 받지 못 한다
스포츠 연예 신문에도 언급되지 않는다
사람들은 관심을 두지 않는다
금요일은 심심하다, 어정쩡 하다, 없는 듯이 있다
짝이 없어서 외롭다.

놀이터

오천년 쯤 자란 소나무 숲 그늘을 드리운
공원 옆 놀이터에 여럿이 모여 놀고 있는 중이다

흙 모래를 토닥여 집을 짓고
어지럽게 그네를 타고
사다리타기 꼭대기에 걸려 울기도 하고
그래도 기운이 남아 무작정 뛰기도 한다
그래야 한다. 희망적이다.

해가 지고 저만치서 부르는 목소리 들릴 때 까지
따뜻한 저녁상을 물리고 자리에 누워
이 놀이터의 생동감을 그리워하기 전까지
놀이터는 온전히 우리 차지이다
놀이터에 있는 동안엔 뭔가를 하는 게 옳다
그네를 혼자 차지하는 녀석과 싸우고

내 편을 들어주는 동네 형에게 웃어주고
모르는 얼굴과도 친해져 떠들고 말하고
시원한 놀이터를 제공해준 분께 감사하고
무엇보다 놀이터에 내가 있음을 사랑하고

바쁘다, 할 일이 많다,
저만치서 어둠이 기다린다
반드시 어둠은 올 것이다
놀이터에 있을 땐 땀 흘리며 열심히 놀아야 한다
그래야 떠날 때 덜 슬프다.

연꽃 입장에서 보면 - 연예뉴스

물이 거꾸로 치솟거나
쓸데없이 또 흘러 내리거나
흘러 내리다가 화난 듯이
또 솟아 오르거나
연꽃 입장에서 보면
별반 다른 일은 아니다
뿌리를 내려
죽을 둥 살 둥 흙을 붙잡아
꽃을 피워 보였고
벌써 여러 송이 꽃을 피워 보였고
때로 잠잠하여 물이 탁해져도
연꽃 입장에서 보면 슬퍼할 일도 아니다
자체 정화시스템을 풀 가동하여
꽃을 피우면 되고, 피우면 되고.

함께 가자

하루에도 예닐곱 번
신호음을 보내
그리움을 염려하던
청 보리밭 종달새로
이쁘던 그대

이제는 조바심 나는
자귀나무로 서서
세월의 갈피만 헤아리더니

은어 떼 날으는 섬진강 어느 기슭으로
보랏빛 파도 서느라운 서귀포 어느 굽이로

애달피 고운 나의 사람아
일상의 창 너머
출렁이는 햇살 뜨거운 결 따라
함께 가자

오늘 아침 문득 날아든
물빛 푸른 소식

알 수 없는 일

비 그친 숲이 뽀얗게 흐려 있으면
어머 안개다. 안개가 몰려왔네
혼자 기뻐하며 산책 나간다
황사 인줄도 모르고
길 잃은 새끼 고양이와 마주서서 이야옹! 이야옹!
10분씩 대화를 주고 받는다
동네 아저씨 흉보는 줄도 모르고
어느 날 문득
배우 김남길에게 홀딱 반해
하루 왼종일 그 남자 생각만 한다
급기야는 이름도 모르는 수만 명
그의 팬들에게 까지도
가족 같은 정을 느낀다는
돌아가신 어머니가 들으면 놀라 깨어나실 발언
참 알 수 없는 일

다시 만나면

그와 만났을 때
부드럽게 악수하기 위하여
늘 손을 가꾼다

깨끗함을 사랑하는 그를 위해
거친 것은 만지지 않으며
추한 것은 손에 넣지 않으며

그가 내게 왔을 때
따뜻하게 악수하기 위하여
늘 손을 간수한다

손을 녹이려 깍지를 끼다가
만나는 당신의 체온

내가 뜨겁게 살고 있음을
그에게
손으로 전달하기 위하여
더욱 뜨거운 손으로 있으려 애쓴다…

▫ 기획자의말

“남들이 뭐라 할까를 생각하면 자신 있게 할 수 있는 일이 몇 가지 없다. 이런저런 고민 말고 그냥 재미있고 편하게 마음껏 써보시라” 라는 말로 시인을 설득해 이 책을 기획했다.

한 사람의 대중스타에 대해 시를 쓰고, 시집으로 엮어 세상에 내놓으면 누군가는 칭찬하고, 누군가는 고개를 돌리겠지만 칭찬과 비난이 서로 겨루더라도 결국 승자는 하고 싶은 일을 행복하게 해낸 시인 자신일 것이라는 장담도 했다.

여러 모습의 외로움이 있어 여러 빛깔의 사랑도 있나 보다. 절대로 사랑 없이 살 수 없는 뜨거운 감성을 살살 다독여가며 오늘을 살아가는 이들 모두에게 박혜옥 시인의 사랑법이 위로가 되기를 바래본다.

2010년 10월

[비담, 당신의 향기]
기획자　　신 경 화
met0805@naver.com